Les loups
et
les coyotes

Photographies :

R.E. Barber - pages 7, 13, 15, 19, 26, 27

Erwin et Peggy Bauer - pages de garde; pages 21, 22, 23, 27

Kit Breen - page 8

Tom Browning - page 26

Alan et Sandy Carey - couverture; pages 10, 16, 20, 21, 23, 24, 25

Michael Francis/Wildlife Collection - pages 7, 25, 27

D. Robert Franz/Wildlife Collection - page 28

John Giustina/Wildlife Collection - pages 28, 29

Martin Harvey/Wildlife Collection - page 28

Henry Holdsworth - pages 26, 29

International Stock - page 28

Victoria Hurst/First Light - page 27

Thomas Kitchin/First Light - pages 6, 15, 18

Jerry Kobalenko/First Light - page 29

Robert Lankinen/Wildlife Collection - pages 17, 29

Tom et Pat Leeson - couverture; pages 6, 7, 8, 10, 11, 13, 15, 19, 20, 21, 22, 24

Rick McIntyre - pages 11, 14, 19, 21

Peter McLeod/First Light - pages 7, 8, 10, 12, 16, 17, 18

John et Ann Mahan - pages 8, 9, 14, 16, 20, 21, 23

A. Maywald/Wildlife Collection - page 22

Lynn Rogers - pages 8, 14, 18

Michael Evan Sewell/Visual Pursuit - page 24

Peter Wemann/Animals Animals - couverture

Jim Zuckerman/First Light - page 9

Données de catalogage avant publication (Canada)
Resnick, Jane Parker
Les loups et les coyotes

(Zoom nature)
Traduction de : Wolves and coyotes.
ISBN 0-590-16564-X

1. Loup - Ouvrages pour la jeunesse. 2. Coyote - Ouvrages pour la jeunesse. I. Faubert, Martine. II. Titre. III. Collection.

QL737.C22R4714 1997   j599.77'2   C97-930634-5

Édition publiée par Les éditions Scholastic, 123, Newkirk Road, Richmond Hill (Ontario) L4C 3G5, avec la permission de Kidsbooks, Inc.

4 3 2 1   Imprimé aux États-Unis   7 8 9/9

ZOOM NATURE ™

Les loups
et
les coyotes

Texte de
Jane P. Resnick

Texte français de Martine Faubert

Les éditions Scholastic

AU LOUP!

Ils sont dangereux, dit-on. En réalité, les loups ne sont pas une véritable menace pour les humains. S'ils sont sauvages et féroces, c'est parce qu'ils doivent chasser afin d'assurer leur subsistance. Et, comme tous les animaux, ils ont un mode de vie qui est différent du nôtre.

DES OREILLES DE CHIEN

Le loup vit sur la Terre depuis plus d'un million d'années. Il descend des carnivores (ou mangeurs de viande) qui vivaient il y a plus de cent millions d'années. C'est l'ancêtre du chien. Il y a environ vingt millions d'années, la famille des chiens s'est développée à partir de celle des loups.

UN MANTEAU AUX COULEURS VARIÉES ▶

Le loup commun s'appelle parfois «loup gris», mais sa fourrure n'est pas toujours de cette couleur. À l'intérieur d'une même lignée, elle peut aller du noir au blanc, en passant par le roux, le jaune, le fauve, l'argenté et le brun.

LUPUS OU RUFUS?

Les savants considèrent qu'il y a deux espèces de loups : le loup commun, dont le nom scientifique est *Canis lupus*, et le loup roux, dont le nom scientifique est *Canis rufus*. Le loup commun vit dans tout l'hémisphère nord, tandis que le loup roux ne se trouve que dans le sud-est des États-Unis.

Le loup roux ▲

◀ Le loup arctique est une variété de loup commun qui vit dans les régions polaires.

GRAND, AVEZ-VOUS DIT?

Quand on parle d'un loup, on parle toujours d'un grand loup. En réalité, la taille du loup est très variable. Le mâle pèse en moyenne 43 kg et la femelle, 4,5 kg de moins. Ils ont 75 cm de hauteur et 1,5 à 2 m de longueur, depuis le bout du museau jusqu'au bout de la queue.

D'UTILES CHASSEURS

Les loups vivent dans les montagnes, les forêts et les plaines de l'hémisphère nord. Ils jouent un rôle particulier en rapport avec leur environnement; c'est ce qu'on appelle leur «niche écologique». Ils représentent en nombre le plus important groupe de prédateurs de cette aire.

ILS ONT DU CARACTÈRE

Tout comme les chiens, les loups sont des animaux intelligents, capables d'apprentissage. De plus, chacun semble avoir sa propre personnalité. Les uns sont timides, et les autres, intrépides; certains sont très sociables, et d'autres préfèrent la solitude.

LA BANDE

Les loups sont très sociables. Ils vivent dans un groupe, qu'on appelle «bande». Celle-ci a une structure hiérarchique où chaque loup trouve sa place. Ceux qui sont forts et agressifs sont dominants. Les autres, qui sont dociles, sont soumis à l'autorité des premiers.

Une famille de loups, appelée «bande».

LES LIENS DU SANG

Un mâle et une femelle sont à la tête de la bande. Ils sont le noyau du groupe, qui est cimenté par les liens du sang et de l'affection. Le reste de la bande est formé par leur progéniture, dont l'âge va de zéro à deux ou trois ans. Une bande est généralement constituée de six à sept individus; mais il arrive qu'elle en compte quinze.

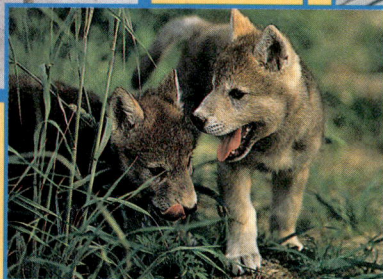

LE CHEF

Le mâle le plus fort s'appelle «loup dominant». Sa partenaire, appelée «femelle dominante», l'aide à diriger la bande. Leur forte personnalité leur permet d'imposer leur autorité aux autres. Ce sont eux qui prennent les décisions nécessaires à la survie de la bande.

JE VAIS TE MORDRE!

À l'intérieur d'une bande, les loups se battent rarement entre eux, car le loup dominant veille au maintien de l'ordre. Par contre, ils peuvent se battre avec des loups d'une autre bande ou avec un loup solitaire, car la bande doit défendre son territoire. Les loups surveillent celui-ci et le marquent, de façon à avertir les loups étrangers de se tenir loin. Si un intrus vient à pénétrer dans le territoire d'une bande, il se fait immanquablement attaquer, puis tuer.

LES SOLITAIRES

Certains loups préfèrent vivre seuls, à l'écart de leurs congénères. À la naissance, tous les loups font partie d'une bande. Mais, au fur et à mesure que les petits grandissent, la structure de la bande évolue. Un certain nombre de jeunes adultes attendent que le temps soit venu pour l'un d'entre eux de remplacer le loup dominant, quand celui-ci est devenu trop vieux ou trop faible. D'autres quittent la bande; ils errent et chassent seuls et, parfois, fondent une nouvelle bande, s'ils ont la chance de trouver une femelle solitaire.

LES RENÉGATS

Une grosse bande de loups comporte un certain nombre d'individus de rang inférieur. Ceux-ci se font harceler par les autres, parfois à tel point qu'ils décident de quitter la bande.

Un loup dominant en colère, face à un intrus : «Va-t'en chez toi!»

LE CHEF DE BANDE

Si un couple de loups veut prendre le commandement d'une bande, il lui faut faire preuve d'autorité et savoir s'imposer aux autres loups. Dès leur naissance, les louveteaux sont soumis à ce régime. Le mâle dominant s'impose à tous les autres mâles, et la femelle dominante mène les autres femelles.

▲ **(1) Le loup dominant grogne pour intimider un loup plus jeune, qui baisse la tête.**

JE VAIS TE MATER!

Le loup dominant impose sa loi aux autres, qui lui sont subordonnés. Il grogne, les mord, les poursuit et va même jusqu'à les plaquer au sol, pendant que le reste de la bande les observe (1 à 4).

(2) Le loup dominant attaque ▲ et mord un subordonné.

(3) Le loup dominant plaque ▶ au sol un subordonné.

AS-TU VU MA QUEUE?

On peut connaître la position d'un loup au sein de la bande par la position de sa queue. Le loup dominant a la queue dressée en l'air. Ceux qui lui sont subordonnés la tiennent plus basse. Les loups de rang inférieur l'ont entre les jambes.

▲ **Ce mâle dominant a la queue bien relevée.**

▲ **Cette femelle de rang inférieur s'en va piteusement, la queue entre les jambes.**

TOUT EST DANS LES YEUX

Pour soumettre les membres de la bande à son autorité, le loup dominant n'a qu'à les regarder avec sévérité. Les loups subordonnés font alors la grimace, s'écrasent au sol et, s'ils le peuvent, se retournent et s'éloignent piteusement. Parfois, ils se roulent sur le dos, pour montrer qu'ils ont compris qui était le chef.

C'EST TOI QUI DÉCIDES!

Les loups subordonnés à un loup dominant ont un rituel particulier pour manifester leur respect et leur affection à celui-ci. Ils s'approchent de lui en s'écrasant au sol et en gardant leur poil à plat et les oreilles rabattues. Quand ils sont rendus près de lui, ils lui lèchent et lui mordillent la face, en signe d'affection.

(4) Enfin, le loup de rang inférieur implore le pardon du loup dominant. ▼

LE LANGAGE DES LOUPS

Les loups sont profondément attachés les uns aux autres. Ils ont recours à un langage gestuel pour se communiquer leurs sentiments, ce qui contribue à la cohésion et au bon fonctionnement de la bande.

Caresses du museau, coups de langue et contact corporel sont des signes d'affection.

ON DIT «S'IL VOUS PLAÎT»!

Lorsque la bande attaque une proie, les loups dominants se placent en tête. Ils sont les premiers à se servir et prennent, bien sûr, les meilleurs morceaux. Les loups de rang inférieur doivent quémander leur part. Ils rabattent les oreilles, gardent la gueule fermée, geignent et donnent de petits coups sur la face du loup dominant. De temps à autre, ils parviennent à s'emparer de quelques morceaux.

12

ON HURLE ENSEMBLE

Les loups hurlent généralement en bande, pour montrer qu'ils sont solidaires, pour souligner une bonne chasse, pour signaler leur présence à leurs congénères égarés ou pour avertir les autres bandes de ne pas approcher. Par temps clair, le hurlement des loups peut se faire entendre à 10 km à la ronde. Ce cr qui nous glace le sang a en fait une fonction sociale.

Des loups dominants signifient aux autres qu'ils doivent attendre leur tour pour manger.

REGARDE MA QUEUE!

On peut connaître les sentiments d'un loup par la position de sa queue. Si celle-ci est redressée et légèrement recourbée au bout, c'est qu'il est sûr de lui. Si elle est basse, mais avec le bout relevé, c'est un signe d'amitié. S'il a la queue entre les jambes, c'est un signe d'amitié ou encore, parce qu'il a peur.

COMME UN LIVRE OUVERT

Les loups sont très expressifs. Un loup apeuré rabat les oreilles et cache ses dents en faisant un petit sourire humble. Un loup en colère montre les dents et a les oreilles qui pointent vers l'avant. Un loup qui se fait menacer et qui a peur rabat les oreilles, mais montre les dents et sort la langue. Cette gestuelle correspond à des messages bien précis, et les autres loups savent comment y réagir, afin que la paix règne au sein de la bande.

Ce loup a peur parce qu'on le menace.

Voici un loup qui s'assoit pour signifier à l'autre qu'il ne veut pas se battre.

LA CHASSE

Nos loups sont maintenant à la chasse. Leur corps est d'ailleurs parfaitement adapté à cet exercice. S'il y a de la neige, on peut voir qu'ils marchent à la queue leu leu. Leur piste forme une ligne simple parce que l'écart entre les pattes de gauche et celles de droite n'est pas très grand. Cela facilite la marche dans la neige fraîche et dans les terrains accidentés.

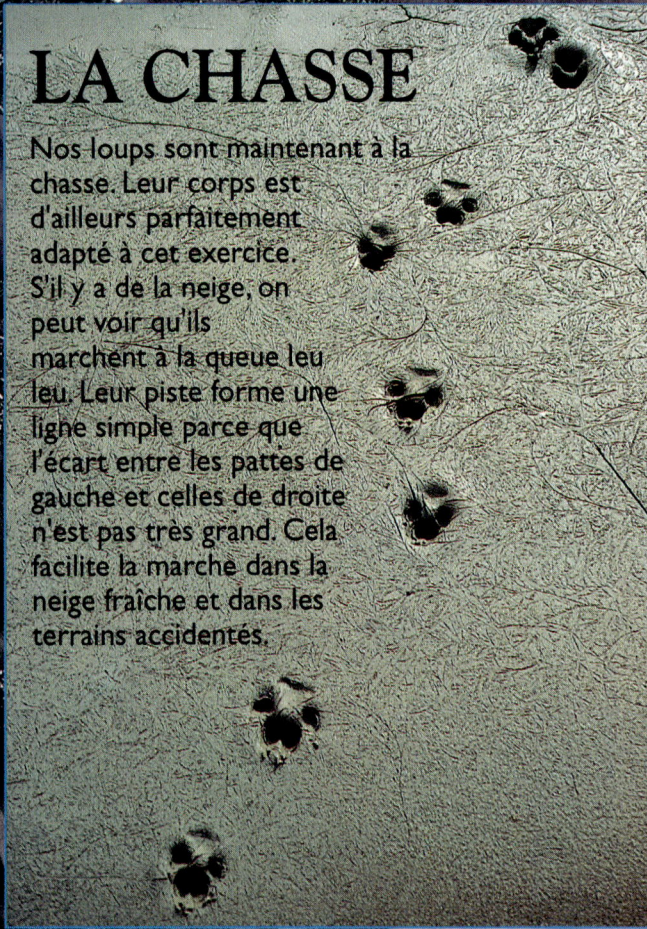

DES DENTS MEURTRIÈRES

Les dents sont des armes offensives, et le loup en est fort bien équipé.
Il en a quarante-deux, dont quatre canines longues et acérées qui pointent à l'avant de sa mâchoire, en haut et en bas. Avec ces pointes de 5 cm de long, il peut transpercer les peaux les plus coriaces, ne laissant à sa victime aucun espoir de s'échapper. Avec ses dents carnassières, qui sont des molaires, le loup adulte peut broyer le fémur d'un orignal.

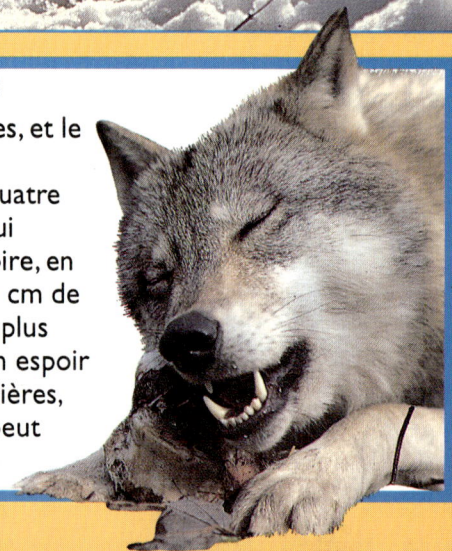

SUR LA POINTE DES PIEDS

Lorsqu'il chasse, le loup se déplace rapidement et sans bruit, car il marche sur la pointe des pieds. Tout comme le cheval et le chat, il a le talon relevé, lorsqu'il marche ou qu'il court. Pour cette raison, et grâce à ses pattes bien musclées, il a une bonne foulée. Il peut marcher sur de longues distances à 8 km /h et, à la course, atteindre une vitesse de 65 km/h.

UNE OUÏE TRÈS FINE

Pour chasser, il faut avoir l'ouïe fine, et le loup en a une excellente. Il capte les sons en orientant ses oreilles d'un côté, puis de l'autre. En identifiant le côté où le son est le plus fort, il peut en déterminer la provenance. Il est capable de capter des sons provenant de plusieurs kilomètres.

UNE FOURRURE POUR TOUS LES TEMPS

Pour la saison d'hiver, le loup est équipé d'un manteau de fourrure d'une épaisseur de 7 cm. Au fond, près de la peau, il y a une couche de duvet qui le garde bien au chaud. Des poils à pointe noire, plus longs, forment une seconde couche plus rugueuse, qui le protège de l'humidité. C'est un véritable imperméable doublé de fourrure, qui lui permet d'affronter les pires intempéries.

TOUT EST DANS LE NEZ

Le nez au vent, le loup repère sa proie avant tout par l'odeur. Si le vent provient de l'endroit où elle se trouve, il peut en capter l'odeur à une distance de 2,5 km, avant même de l'avoir vue ou entendue. Grâce à son flair, il peut aussi la poursuivre en la suivant à la trace.

Ce loup sait très bien se servir de son nez.

UNE PARTIE DE CHASSE

Les loups sont des carnivores, c'est-à-dire des mangeurs de viande. Ce sont des prédateurs qui chassent en groupe. Souvent, un petit animal, comme un castor, un lièvre, une souris ou un oiseau, suffit à rassasier un loup affamé. Mais, pour assurer la subsistance de tous ses membres, la bande doit capturer de grosses proies, comme le cerf, le caribou, l'orignal ou le mouflon.

UN ÉQUILIBRE FRAGILE

En chassant, les loups participent à un phénomène tout à fait naturel. En général, ils prennent pour proies des animaux vieux, malades ou très jeunes. En tuant une bête malade, ils empêchent que des maladies se répandent. En tuant une vieille bête, ils laissent plus de nourriture pour les jeunes. Le maintien de cet équilibre dans la nature contribue à la survie des prédateurs aussi bien que des proies.

LE CHASSEUR CHASSÉ

Les loups sont féroces, mais ils n'attrapent leurs proies que dix fois sur cent. Ainsi, dans une étude étalée sur trois jours, on a pu observer que des loups avaient pourchassé cent trente et un orignaux, mais n'en avaient tué que six. Comment se fait-il? Contrairement à d'autres animaux, l'orignal riposte devant le loup. Avec ses 550 kg, son panache aux pointes acérées et ses gros sabots, il peut facilement transpercer un loup et lui broyer les os.

Face à des loups, les bisons se défendent en se regroupant et en chargeant. Ceux-ci cherchent alors à isoler un individu du troupeau.

J'AI TOUT MANGÉ!

Pour vivre, il faut manger. Mais, pour les loups, la nourriture se fait souvent rare. Il leur arrive de passer une quinzaine de jours sans manger, puis de se gaver, quand la nourriture est disponible; un loup adulte peut manger 9 kg de viande en un seul repas. Les loups en bande engloutissent par gros morceaux la viande que leur fournit leur proie, ne laissant derrière eux que les sabots et les plus gros os.

◀ **Un loup en train de marquer son territoire**

C'EST CHEZ MOI!

Les loups ont besoin de leur territoire de chasse pour survivre; ils doivent donc le défendre. Le territoire d'une bande peut faire de 78 à 2 100 km², suivant le genre d'animaux qu'elle chasse. Les loups marquent leur territoire en aspergeant d'urine les troncs d'arbre et les rochers qui se trouvent à sa limite et en hurlant en bande.

LES PROVISIONS ▲

Il arrive que le loup fasse des provisions en enfouissant sa prise dans un trou qu'il recouvre ensuite de terre. Puis, en période de disette, il retourne à sa cache et y déterre son trésor.

LE SOIN DES PETITS

Au sein de la bande, le cycle de la vie commence au printemps, avec la naissance des petits. D'habitude, c'est la femelle dominante qui met bas. Elle porte ses petits pendant neuf semaines et en prend soin durant leur premier mois d'existence. Ensuite, ceux-ci sont pris en charge par l'ensemble de la bande, qui les surveille et les aide à se nourrir.

◄ Louveteau de deux mois.

La louve nourrit ses petits jusqu'à ce qu'ils soient capable de manger de la viande.
▼

DE PETITES PORTÉES

Une portée compte généralement de cinq à six louveteaux. À la naissance, ceux-ci sont sourds, aveugles et pèsent à peine plus de 2 kg; mais ils grandissent vite. À deux semaines, ils ont les yeux ouverts, et à trois semaines, ils pèsent déjà 3 kg et savent marcher parfaitement. À un mois, ils font leur entrée dans le monde des grands.

NAÎTRE SOUS TERRE

Les louveteaux naissent sous terre, dans une tanière. Celle-ci est creusée par la mère, suivant un plan bien établi; il y a une entrée tout juste assez grande pour laisser le passage à un loup adulte, puis une galerie d'au moins 3 m de long, au bout de laquelle se trouve une chambre où la louve aura sa portée.

▲ Une louve s'occupant de ses deux petits de neuf semaines, à l'entrée de sa tanière.

Les signes d'affection entre la mère et le petit apparaissent très tôt. ▶

TANT DE CHOSES À FAIRE!

Les louveteaux jouent à courir, à se pourchasser, à s'attaquer, à se mordiller et à se battre les uns les autres. Mais c'est plus qu'un simple jeu, car de cette façon, ils développent leur musculature et apprennent à chasser. Le jeu leur permet également d'affirmer leur personnalité; par exemple, un louveteau dominant cherche souvent à commander à ses frères et sœurs.

♥ ♥ ♥ ♥ ♥ ♥ ♥ ♥ ♥ ♥ ♥ ♥

DANS L'ESTOMAC!

Pendant les trois semaines qui suivent la naissance des louveteaux, la mère doit rester constamment auprès d'eux, pour les tenir au chaud. Ensuite, à partir du moment où ceux-ci peuvent manger de la viande, la mère ou un autre membre de la bande leur apporte leur repas, en le transportant dans son estomac sur des kilomètres de distance. Une fois revenu à la tanière, l'adulte régurgite le contenu de son estomac, et les petits n'ont plus qu'à se régaler!

En jouant à souque à la corde, ces louveteaux développent la puissance de leurs mâchoires.

UNE MÈRE COLLECTIVE

Quand les louveteaux quittent la tanière, c'est la bande tout entière qui les prend en charge. Les adultes et les jeunes surveillent la présence de prédateurs, comme l'aigle, et empêchent les petits de s'éloigner du groupe. Cette prise en charge collective contribue à intégrer les tout petits au reste de la bande.

19

LES JEUX ET LA DÉTENTE

Pour pouvoir se gratter avec ses pattes, le loup doit poser l'arrière-train.

Les loups ont l'air féroce, chassent et grognent; mais pas tout le temps. Par exemple, après avoir mangé, ils sont toujours contents de se rouler en boule et de faire un bon somme. Quand ils se réveillent, le ventre plein et avec un regain d'énergie, ils aiment bien s'amuser. Un loup qui veut s'amuser a une façon particulière de le manifester. Il s'approche du reste de la bande en écrasant son avant-train et en agitant la queue, l'air de dire «s'il vous plaît». Si aucun membre de la bande ne réagit, il continue en sautant de côté, dans une sorte de danse en zigzags, pour attirer l'attention, exactement comme un chien le fait.

Les loups adorent jouer dans l'eau.

Les loups peuvent même dormir en pleine tempête de neige.

Il y a tout plein de choses
à découvrir dans l'eau.

Sauter par dessus un ruisseau
est un bon exercice.

Cette jeune louve montre à son
frère à se rouler dans la neige.

Après le repas,
c'est l'heure de
la sieste.

21

LES LOUPS ET LES HOMMES

Qui a peur du grand méchant loup? Presque tout le monde. On connaît bien le personnage du loup, dans *Le petit chaperon rouge* ou *Les trois petits cochons*. Depuis des siècles, le loup est présenté comme une créature du diable, dans les contes folkloriques. En réalité, les loups ne sont pas une menace directe pour les humains; c'est plutôt le contraire. Les loups ne sont une menace que pour les troupeaux que possèdent les humains : les moutons, les vaches et les poules.

UNE BIEN TRISTE HISTOIRE

Aux États-Unis, dès les premières heures de la colonisation par les Européens, on a entrepris d'exterminer les loups. Au XIXᵉ siècle, lors de la Ruée vers l'Ouest, on s'est mis à chasser le bison, dont les loups se nourrissaient jusque là. Pour survivre, les loups se sont alors rabattus sur le bétail. Voulant protéger leurs possessions, les éleveurs se sont mis à tuer les loups. Il en est alors disparu de un à deux millions probablement. Actuellement, on pense qu'il reste moins de dix mille loups aux États-Unis, dont la plupart se trouve en Alaska. À côté, le Canada en compte cinquante mille.

Le loup du Mexique, qu'on trouvait autrefois dans tout l'Arizona, le Nouveau-Mexique et le Mexique, est devenu une espèce menacée.

LOUPS DE TOUS LES PAYS...

À une certaine époque, on trouvait des loups partout en Amérique du Nord, en Europe et en Asie. Aux États-Unis, ils ont maintenant presque disparu, sauf en Alaska et au Minnesota. Cependant, en 1973, le gouvernement américain a décidé de protéger cette espèce en voie d'extinction et de créer des équipes spécialement formées pour le sauvetage du loup du Mexique, du loup du nord des Montagnes rocheuses, du loup des forêts de l'Est, sans oublier le loup roux.

DES FERMIERS PAS CONTENTS

Les biologistes naturalistes ont pour rôle de réhabiliter le loup dans son habitat naturel, dans des endroits comme le Parc national de Yellowstone. Mais les éleveurs et les fermiers qui exploitent les terres voisines de ces endroits protestent, à cause de la menace que représentent les loups pour leur bétail.

Ces loups ont attrapé un orignal.

LE CHASSEUR CHASSÉ

Les chasseurs de gros gibier, comme l'orignal, s'adonnent à leur sport favori dans des endroits où ils peuvent trouver un logement, de la nourriture et un guide. Les habitants de ces régions ont besoin de l'activité économique engendrée par les chasseurs. Et ils croient généralement que les loups sont nuisibles, car ceux-ci tuent le gros gibier.

LE LOUP ROUX

Autrefois, le loup roux était commun dans le sud-est des États-Unis; aujourd'hui, il en a presque totalement disparu. Plusieurs survivants se sont métissés avec des coyotes. En 1975, on a essayé de sauver le loup roux en capturant quatre cents individus, qu'on a élevés, puis réintroduits dans les régions du sud-est. Parmi ceux-ci, seulement quatorze étaient des loups roux de pure race, non métissés.

Le loup roux

DES LOUPS BRANCHÉS

De nos jours, le loup a besoin de l'aide des humains. Les agents de conservation de la faune ont pour tâche de préserver les espèces animales et leur habitat. Les biologistes naturalistes les étudient, afin de mieux les connaître et de les aider. Pour y arriver, ils équipent les loups d'un collier auquel est accroché un petit émetteur radio.

Le loup commun

Un scientifique visitant une bande de loups dans un parc naturel.

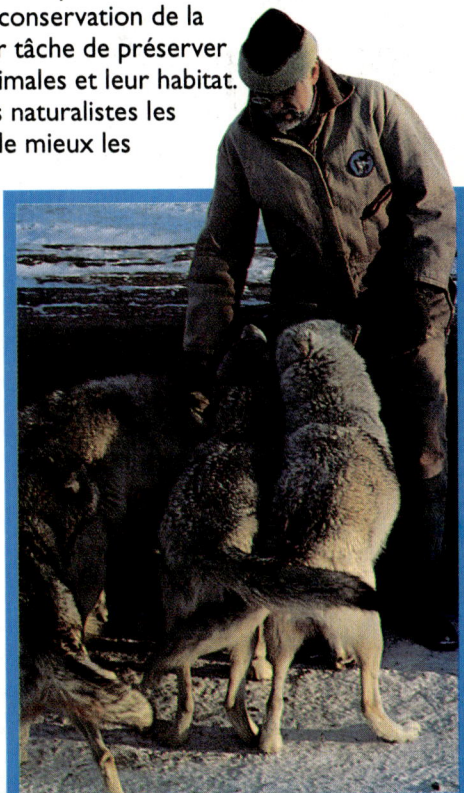

LES COYOTES

Le coyote ne vit qu'en Amérique du Nord, mais il se rencontre partout sur ce vaste territoire: de l'Alaska au Costa Rica et de l'Atlantique au Pacifique, tant aux États-Unis qu'au Canada. Il peut s'accommoder aussi bien des températures torrides (57 °C) de la Vallée de la mort, en Californie, que du froid polaire (- 54 °C) des plaines centrales du Canada. À l'heure actuelle, les coyotes sont plus nombreux que jamais.

IL A DU COFFRE

Le coyote a de la voix. Son registre est étendu et son répertoire est varié; il peut japper, souffler, glapir et aboyer. Les coyotes se reconnaissent entre eux au timbre de leur voix. Si un coyote se met à hurler, tous ceux qui l'entendent viennent le rejoindre. Si un couple de coyotes se trouve séparé, ses deux membres peuvent continuer de communiquer entre eux grâce à leurs hurlements. Les coyotes ont même un cri particulier pour se saluer.

PAS SI GROS QUE CA

Le coyote a la taille d'un chien de grosseur moyenne, c'est-à-dire 60 cm de hauteur et 1,2 m de long (queue comprise); il ressemble beaucoup au berger allemand. Il pèse en moyenne 11,5 kg, mais il peut atteindre 32 kg. Quelle que soit sa taille, le coyote a toujours l'air plus gros qu'il ne l'est en réalité, à cause de son épaisse fourrure.

LA VIE DE COUPLE

Le coyote est un animal grégaire qui vit en groupe familial. Le mâle et la femelle s'associent pour la vie ou au moins pour quelques années. Lorsque la femelle porte des petits, les deux membres du couple vivent encore plus proche l'un de l'autre. Ils chassent ensemble, chantent en duo et se manifestent leur affection par des caresses de la patte et du museau.

Le jeu est une façon de se montrer son affection.

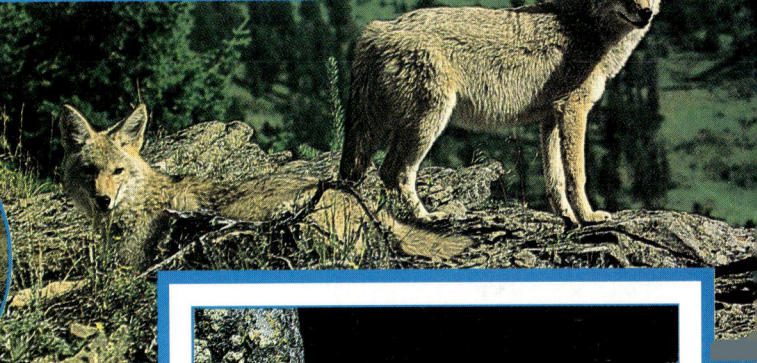

LA VIE DE CÉLIBATAIRE

En général, les petits du coyote naissent au printemps et quittent leurs parents l'automne suivant, où ils partent en quête d'un territoire de chasse. Si les parents vivent sur un territoire où le gibier est peu abondant et le nombre de coyotes élevé, les jeunes doivent partir loin. Il leur faut parfois aller jusqu'à 160 km pour trouver un partenaire et fonder une famille. Ils vivent là de six à huit ans.

Ces petits jettent un coup d'œil sur le vaste monde, à l'entrée de la tanière.

LA VIE NOCTURNE

Les coyotes sont d'excellents parents qui prennent grand soin de leurs petits. S'ils pensent que la tanière n'est plus sûre pour eux, ils les déménagent dans une nouvelle tanière. En général, ils ne vont pas très loin, mais on a pu observer une femelle qui transportait ses quatre petits un à un, 8 km plus loin; elle a donc parcouru 64 km en une seule nuit!

Le coyote a moins d'un an quand il quitte ses parents.

Le coyote se déplace
généralement au trot.

Le coyote se fond dans le
paysage, jusqu'à ce qu'il saute
et découvre ses crocs. ▼

LA VIE DU COYOTE

Le coyote est un grand marcheur; il peut parcourir facilement 80 km en une seule nuit. Au trot, sa vitesse moyenne est de 33 km/h. Au galop, il peut atteindre 50 km/h et, sur une courte distance, jusqu'à 66 km/h, soit la vitesse qu'il faut pour attraper un lièvre.

◄
Le coyote
peut sauter à
une hauteur
de 4,2 m.

UNE TENUE DE CAMOUFLAGE

Les coyotes ont une fourrure dont les couleurs se fondent dans le paysage, ce qui leur permet de déjouer leurs proies et leurs prédateurs. Ceux qui vivent en forêt ont une fourrure foncée qui les rend difficiles à déceler dans le sous-bois. Ceux qui habitent les régions désertiques ont le poil fauve, comme le sable et les rochers brûlés par le soleil.

UNE BELLE MACHINE

Le coyote a tout ce qu'il faut pour être un excellent chasseur. Grâce à ses puissantes pattes, il peut sauter à une hauteur de 4,2 m. Sa vue perçante lui permet de déceler le moindre mouvement à des mètres, et son ouïe très fine, le moindre couinement de la plus petite souris passant sous une épaisse couche de neige. Enfin, son odorat puissant lui permet de déceler la présence des humains, dont ils se méfie au plus haut point.

MENU DU JOUR

Le coyote n'est pas très capricieux pour la nourriture. Charognard à ses heures, il lui arrive de voler le gibier de réserve d'un autre prédateur. Son menu est fait de cerfs, de lapins et d'autres rongeurs, d'insectes et de poissons. Il lui arrive même de plonger dans l'eau pour attraper des grenouilles, des écrevisses et des tortues. C'est un mangeur de viande, mais il apprécie aussi les fruits; il est particulièrement friand de melon d'eau.

Ce coyote se ▲ délecte de petits fruits.

◄ Ce coyote est en train de saccager un poulailler.

DES SURVIVANTS

Selon une légende amérindienne, le coyote sera le dernier animal à survivre sur terre. Aujourd'hui, c'est un peu difficile à croire. En effet, depuis que l'Ouest n'est plus seulement habité par les Amérindiens, les humains et les coyotes vivent en concurrence. Les coyotes s'attaquent au bétail, mangeant vaches, moutons et poulets. Les éleveurs en colère les pourchassent à coups de fusil, de poisons et de pièges; dans cette guerre sans merci, des millions de coyotes sont déjà morts. Mais, pour survivre, les coyotes ont appris à éviter les humains.

Ce coyote est pris au piège

Grâce à son ouïe et à son odorat, le coyote peut détecter de tout petits animaux.

DES PETITS MALINS

Les coyotes sont d'habiles chasseurs, qui fonctionnent parfois en tandem. Le lièvre est une de leurs proies favorites. Celui-ci a tendance à courir en rond. Un premier coyote pourchasse donc le lièvre, tandis que l'autre attend celui-ci au bout de sa trajectoire circulaire. La plupart du temps, le lièvre n'a pas la chance de décrire plus d'un cercle!

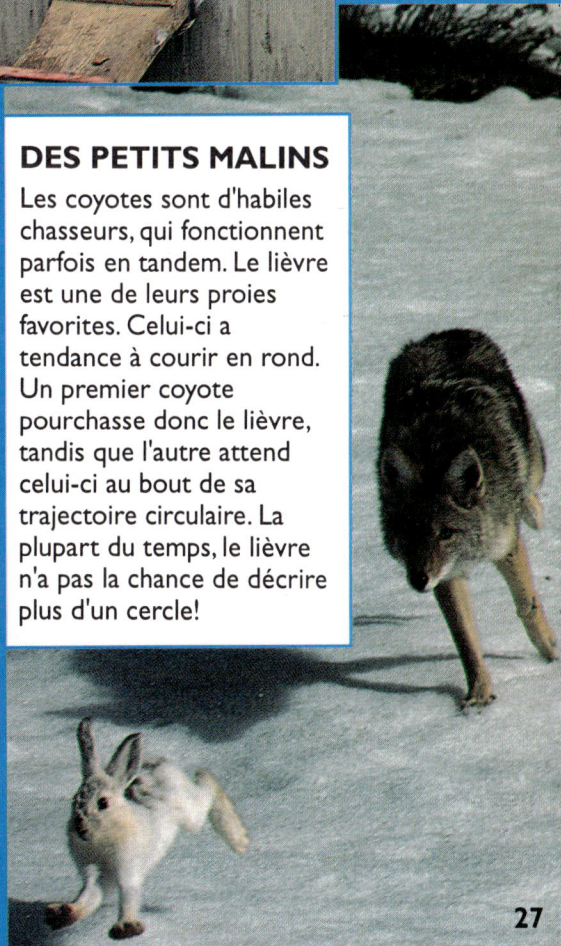

27

COUSINS ET PROCHES PARENTS

Le loup et le coyote ne sont que deux espèces particulières de la famille des chiens. Les chiens domestiques et les chiens sauvages, les renards et les chacals en sont d'autres. Ils peuvent sembler un peu différents en apparence, mais ils ont en fait des caractéristiques très semblables. On les appelle Canidés; ils sont tous carnivores et sont équipés de dents qui leur permettent de manger de la viande : de longues canines pointues (appelées crocs) à l'avant, et de puissantes molaires (appelées carnassières) à l'arrière.

Même le plus mignon de tous les petits chiens, comme ce bichon, sont apparentés au loup.

LE CHACAL ▶

Il y a quatre espèces de chacals: le chacal commun (ou chacal doré), le chacal à flancs rayés (ou chacal strié), le chacal à chabraque (ou chacal à dos noir) et le loup d'Abyssinie. Le chacal est originaire d'Afrique; mais le chacal doré se rencontre aujourd'hui aussi en Asie et en Europe. Le chacal est connu comme charognard, mais c'est aussi un excellent chasseur. Il est de nature grégaire, comme le loup, et aime vivre en famille.

LES CHIENS SAUVAGES ▲

On trouve différentes espèces de chiens sauvages un peu partout dans le monde. Les chiens sauvages d'Afrique vivent et chassent en bande pouvant comprendre jusqu'à soixante individus. Les oreilles rabattues et la tête basse, ils traquent leur proie, puis la pourchassent dans une sorte de course à relais, en équipes de deux ou trois qui, à tour de rôle, la poursuivent jusqu'à ce qu'elle tombe.

◀ LE DINGO

Le dingo est le chien sauvage d'Australie. Il descend de chiens domestiques amenés là il y a plusieurs millénaires par les ancêtres des aborigènes actuels. Dans ce territoire où il n'y avait pratiquement pas de prédateurs; ils se sont alors répandus partout et sont devenus sauvages.

Le renard arctique.

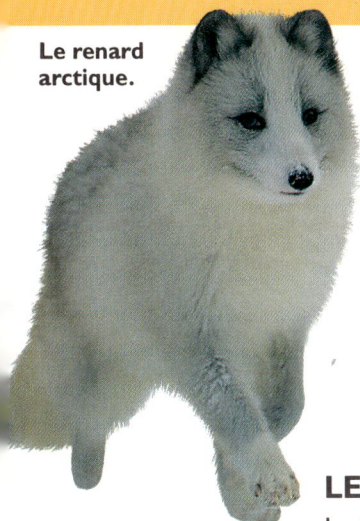

LES RENARDS

Le renard est un proche parent du loup. Si on lui enlève sa fourrure, il a le corps élancé d'un lévrier. Il y a vingt et une espèces de renards. On les chasse pour leur fourrure; néanmoins, leur population se maintient partout dans le monde.

Le renard roux

LE LOUP À CRINIÈRE ▶

Le loup à crinière est d'un aspect qui se situe entre le loup et le renard. Mais ce n'est ni un loup, ni un renard. C'est une espèce particulière de canidé qui vit dans le sud du Brésil. Il se nourrit de petits animaux.

LE CHIEN HUSKY

Le husky est une race de chien domestique originaire du nord-est de la Sibérie. Au début du XXᵉ siècle, il a été introduit en Alaska. De nos jours, on l'utilise dans le nord de l'Amérique du Nord pour tirer des traîneaux, soit pour des voyages, soit pour des courses. Intelligent et sympathique, c'est un excellent animal de compagnie.

Le husky, qui ressemble à un loup, est utilisé dans le Grand nord pour tirer des traîneaux.